국립생태원은 한반도 생태계를 비롯하여 열대, 사막, 지중해, 온대, 극지 등 세계 5대 기후와 그곳에서 서식하는 동식물을 한눈에 관찰하고 체험할 수 있는 생태 연구·교육·전시 종합 기관입니다. 국립생태원 출판부(NIE PRESS)는 소중한 생태 정보와 이야기를 엮어 유아부터 성인, 전문가에 이르는 다양한 독자를 위한 책을 만들고 있습니다.

정보 제공 및 내용 감수에 참여한 **국립생태원 연구원**
김백준, 임정은

에코스토리 14 국립생태원이 들려주는 **생물 복원** 이야기
다시 만날 동식물 친구들

발행일 2019년 9월 10일 초판 1쇄 발행
　　　　2022년 5월 31일 초판 2쇄 발행
글 한수프 | **본문그림** 박소영 | **부록그림** 박소영

발행인 조도순
책임편집 유연봉 | **편집** 전세욱 | **구성·진행** 강승연 조현민
아트디렉터 신은경 | **디자인** 디자인아이(진선미 김영주 양신영) | **사진** 국립생태원(멸종위기종복원센터)
발행처 국립생태원 출판부 | **신고번호** 제458-2015-000002호(2015년 7월 17일)
주소 충남 서천군 마서면 금강로 1210 / www.nie.re.kr
문의 041-950-5999 / press@nie.re.kr

ⓒ 국립생태원 National Institute of Ecology, 2019
ISBN 979-11-89730-77-2 74400
　　　979-11-88154-02-9(세트)

※ 이 책에 실린 모든 글과 그림을 저작권자의 허락 없이 무단으로 사용하거나 복사하여 배포하는 것은 저작권을 침해하는 것입니다.
⚠ 다칠 우려가 있습니다. 본 교재를 던지거나 떨어뜨리지 않도록 주의하십시오. 고온 다습한 장소나 직사광선이 닿는 장소에는 보관을 피해 주십시오.

14 생물 복원

다시 만날 동식물 친구들

글 한수프　그림 박소영　감수 국립생태원

국립생태원
NIE PRESS

"실시간 톡으로 여러분의 호기심을 바로바로 해결해 주는 〈알려 줘요! 쇼〉입니다."
사회자 톡톡이와 팡팡이가 활기차게 쇼의 시작을 알렸어요.
"오늘의 주제 '멸종 위기 생물을 어떻게 복원*할까요?'에 대해서 시작부터 많은 질문이 들어오고 있네요."
톡톡이의 말을 팡팡이가 이었어요.
"그럼 이 질문들을 해결해 주실 국립생태원의 김생태 박사님을 모시겠습니다!
안녕하세요, 김생태 박사님."
"멸종 위기 생물 복원에 대해 연구하고 있는 김생태 박사입니다.
만나게 되어 정말 반갑습니다!"

*복원 생물이나 서식지를 원래 상태대로 되돌리는 것을 말해요.

"박사님, 친구들이 멸종 위기 생물에 대해 많은 관심을 보이고 있는데요, 멸종 위기에 처한 생물이 많은가요?"

"현재 생물의 수가 아주 빠른 속도로 감소하고 있어요. 1970년에서 2012년 사이의 지구 생명 지수를 살펴보면 불과 40여 년 만에 척추동물의 수가 58퍼센트(%)나 감소했다는 것을 알 수 있어요. 지금도 이 속도는 줄 기미가 보이지 않아 더 큰 문제라고 할 수 있지요."

팡팡이가 깜짝 놀라 말했어요.

"정말요? 생물의 수가 그렇게 줄어든 이유는 무엇인가요?"

"생물들이 사는 서식지*가 줄어들거나 훼손되었기 때문이에요. 또 환경 오염과 남획*, 외래종*의 도입과 같은 이유들도 있지요."

*서식지 생물이 살고 있는 자연환경을 말해요.
*남획 허가를 받지 않고 야생 생물들을 마구 잡는 것을 말해요.
*외래종 외국이나 국내의 다른 지역에서 들어온 종으로 고유종과 반대되는 말이에요.

🌱 **지구 생명 지수(Living Planet Index)는 무엇인가요?**
다양한 척추동물 개체군의 시간 변화에 따른 평균 개체 수 변화를 계산해서 생물 다양성 수준을 측정하는 지표예요. 세계 각지의 척추동물(포유류, 조류, 어류, 양서류, 파충류) 3,706종, 14,152개체군에서 얻은 과학적인 자료를 기반으로 산출한, 지구의 생태적 상황을 보여 주는 중요한 지표예요.

"그럼 본격적으로 시작해 볼까요?
첫 순서는 '얼굴 보고 팡팡'입니다.
첫 번째 친구와 바로 연결하겠습니다, 안녕하세요!"
"안녕하세요! 전 누리초등학교 김나래인데요,
동물 몇 종이 없어지는 게 그렇게 큰일인가요?"
갑작스런 질문에 톡톡이와 팡팡이는 당황했어요.
하지만 박사님은 미소 지으며 말씀을 시작하셨어요.
"그렇게 생각할 수도 있어요. 그런데 어떤 생물종이 멸종되어
생물 다양성이 줄어들면 생태계가 건강하지 않게 돼요.
그렇게 되면 농작물과 어업 생산량이 줄어들고,
생물을 원료로 하는 의약품을 만드는 것도 어려워져
병에 걸려도 치료를 받지 못하는 사람이 늘어날 수도 있어요."
"결국 사람들도 피해를 보게 되는군요.
헤헤, 몰랐어요."

🌱 **생물 다양성이 줄어들면
생태계가 건강하지 않은 건가요?**
생물 다양성이란 말 그대로 생물이 다양
하다는 것을 의미해요. 생물 다양성이 높을수
록 먹이 사슬이 복잡하게 형성되어 생태계가 안정
적으로 유지되지요. 생물이 다양하지 못하면 한 생물종
에 문제가 생겼을 때 생태계의 평형이 일시에 무너질 수 있
기 때문에 건강한 생태계라고 할 수 없는 거예요.

"혹시 멸종 위기에 처한 동물 중 알고 있는 동물이 있나요?"
박사님의 갑작스러운 질문에 두 사회자의 얼굴이 빨개졌어요.
하지만 곧 톡톡이가 순발력 있게 이야기했어요.
"어린이 여러분, 알고 있는 멸종 위기 동물의 이름을
지금 바로 톡으로 남겨 주세요."
톡톡이의 말이 끝나자마자 실시간 톡 화면에
동물들의 이름이 뜨기 시작했어요.
팡팡이가 톡을 읽으며 말했어요.
"북극곰을 이야기하는 친구들이 아주 많네요.
박사님, 북극곰이 멸종 위기 동물이 맞나요?"
"맞아요. 북극곰은 북극 바다의 얼음 위에서 사는데,
온실가스*층이 두꺼워져서 생긴 지구 온난화*로
얼음이 줄어들면서, 물에 빠져 죽기도 하고 먹이를 찾아
사람이 사는 곳으로 왔다가 생명의 위험을 겪기도 해요."

***온실가스** 지구의 대기를 오염시켜 온실 효과를 일으키는 가스로, 이산화 탄소, 메탄, 이산화 질소 등이 있어요. 석유, 석탄과 같은 화석 연료의 사용이 많아지면서 증가하고 있지요.
***지구 온난화** 지구가 예전에 비해 따뜻해진다는 뜻으로, 지구 표면의 평균 온도가 올라가는 현상이에요.

🌱 **지구 온난화는 우리나라에 어떤 영향을 미칠까요?**
지구 온난화가 심해지면 우리가 사는 한반도는 아열대성 기후가 될 수 있어요. 그렇게 되면 저온에서 자라는 농산물을 더는 재배할 수 없게 되고, 생물에 적합한 서식지가 점점 높은 고도, 위도로 바뀌면서 이에 적응하지 못한 종들은 멸종하게 되어, 결국 생물 다양성의 감소로 이어질 거예요.

"이번 순서는 사회자가 직접 박사님께 질문하는 '알려 줘요, 쏙쏙!' 시간이에요. 박사님, 공룡의 멸종과 최근 생물들의 멸종은 무엇이 다른가요?"

"최근의 생물 멸종은 인간에 의한 멸종이라는 것이 공룡의 멸종과 달라요. 게다가 약 1000배 빠른 속도로 진행되고 있어 예전과 비교되지 않는 대멸종이 될 거라고 예측하고 있어요."

"이러다가 지구가 멸망하는 건 아닌가요?"

팡팡이가 울 듯한 소리로 물었어요.

옐로우스톤 국립공원 늑대 복원 프로젝트

1874년 - 옐로우스톤 국립공원에서 흔하게 관찰되던 늑대

1900년대 초반 - 무분별한 수렵이 만연

1926년 - 마지막 남은 한 무리가 사라짐

"그러나 희망적인 것은 우리가 멸종 생물을 되살리기 위해 노력하고 있다는 거예요. 옐로우스톤 국립공원 늑대 복원의 예가 대표적인데, 1900년대 초반까지 흔하게 관찰되던 늑대가 30년도 안 돼 거의 사라지자, 복원 프로젝트를 시작해 31마리의 늑대를 방사*했어요."

*방사 자유롭게 야생에 풀어 주는 것을 말해요.

1995년~1996년
캐나다에서 들여온 31마리의 늑대 방사

1975년
옐로우스톤 늑대 복원 프로젝트 시작

1974년
멸종 위기종으로 지정

알려 주니요, 쏙쏙!

"늑대가 방사된 옐로우스톤 국립공원에서는 어떤 일이 일어났을까요?"

박사님의 질문에 팡팡이가 고개를 갸웃거리며 대답했어요.

"늑대가 초식 동물들을 잡아먹어 사람들에게 피해를 주었을 것 같아요."

박사님은 웃으며 말씀하셨어요.

"늑대가 처음에 엘크 같은 사슴을 잡아먹은 것은 맞아요.

그런데 사슴의 수가 줄어들면서 식물들이 잘 자라기 시작했어요.

그러자 작은 새들이 나무로 날아들었고 곤충들도 많아졌어요.

강 주변의 식물들도 다시 자라기 시작하면서

비버와 다양한 어류들의 서식지가 되살아났어요.

또 늑대가 코요테를 사냥하면서 토끼, 쥐가 늘어나고

토끼와 쥐를 먹이로 하는 여우, 오소리도 많아졌어요."

"31마리의 늑대가 그런 엄청난 변화를 가져오다니, 정말 놀라워요!"

"인간이 만들지 못한 건강한 생태계가 31마리의 늑대에 의해 만들어졌지요."

박사님은 톡톡이를 보고 미소 지으며 말씀하셨어요.

"이번엔 두 번째 '얼굴 보고 팡팡'입니다, 안녕하세요!"
"저는 11살 강소망인데요,
우리나라에서도 멸종 위기 동물을 복원한 적이 있나요?"
박사님의 답이 이어졌어요.
"우리나라에서는 반달가슴곰, 산양, 수달 등의 복원 사업이 진행되고 있어요.
그중 반달가슴곰 복원 사업에 대해 말씀드릴게요.
울창한 숲에서 사는 반달가슴곰은 태어난 지 4년이 되면
번식이 가능하고 한 번에 한두 마리의 새끼를 낳는 동물이에요.
그런데 사람들이 허가를 받지 않고 사냥을 하고 무분별하게
나무를 베어 내면서 살 곳이 줄어들어 멸종 위기종이 되었어요.
50년 전만 해도 지리산에 반달가슴곰이 백여 마리 이상 있었는데,
2000년대에 이르러는 다섯 마리 정도밖에 남지 않게 된 거예요."

귀
둥글고 큰 귀

가슴
V자형 흰 털

발
강한 발톱
나무를 잘 탐

몸길이 130~190센티미터(cm)
몸무게 150~200킬로그램(kg)

🌱 단군 신화에 등장한 곰이 반달가슴곰이라고요?

단군 신화를 알고 있나요? 우리 민족 최초의 나라인 고조선의 건국 신화예요. 그 단군 신화에서 하늘의 아들인 환웅과 결혼하여 단군을 낳는 곰이 등장하는데, 그 곰이 바로 반달가슴곰이에요. 이처럼 반달가슴곰은 우리 민족과 아주 밀접한 관계가 있는 동물이라고 할 수 있지요.

"남은 다섯 마리 정도의 반달가슴곰을 그대로 둘 경우 멸종될 위험이 있어,
2004년 지리산 국립공원에서 복원 사업을 시작했어요.
한반도의 반달가슴곰과 같은 종인 러시아나 중국 동북부의
반달가슴곰을 데려와 자연 적응 훈련을 시킨 다음 방사했지요."
"현재까지는 성공적인가요?"
흥미진진하게 듣고 있던 팡팡이가 물었어요.

"많은 어려움이 있었지만, 현재 50마리 이상의 반달가슴곰이 지리산 국립공원에 살고 있어요. 사람의 도움 없이 먹이 활동을 하고, 동면*, 짝짓기, 출산을 성공적으로 하고 있고요."
"우아, 성공적이네요!"
팡팡이가 자기도 모르게 박수를 쳤어요.
"50마리는 최소한의 수이므로 지속해서 모니터링*하고 관리해야 한답니다."

*동면 겨울이 되면 동물이 활동을 중단하고 땅속이나 나무 밑 등에서 겨울을 보내는 일을 말해요.
*모니터링 수시로 확인하며 관리하는 것을 말해요.

다음으로 톡톡이가 4개의 캐릭터 그림을 가지고 와서 말했어요.

"이 캐릭터들은 멸종 위기 야생 동물을 본떠 만든 국립생태원 캐릭터입니다. 하나를 뽑아 그 동물과 복원 과정에 대해 알려 주시겠어요?"

박사님이 뽑은 캐릭터는 금개구리였어요.

박사님은 화면을 보며 말씀을 시작하셨어요.

"금개구리는 다른 개구리에 비해 크기도 작고 울음소리도 작아요. 예전에는 우리나라 논이나 연못 어디에서나 흔히 볼 수 있었지만, 지금은 수가 줄어 경기도와 충청도 일부에서만 볼 수 있어요. 금개구리는 우리나라에서만 사는 고유종이기 때문에 우리나라에서 사라지면 지구에서 완전히 사라지는 거예요."

귀여운 금개구리 사진을 보고 있던 팡팡이가 안타까운 듯 물었어요.

"그런데 금개구리 수가 줄어든 이유는 무엇인가요?"

"금개구리가 살던 논이나 연못이 개발로 없어지거나 농약으로 오염되고, 외래종인 황소개구리가 들어와 금개구리를 잡아먹었기 때문이에요."

등 색 밝은 녹색

주둥이 앞끝이 둥글고 콧구멍이 타원형

등 가장자리 등 양쪽에 굵은 금색 선 있음

몸통 길이 3.5~6센티미터(cm), 다른 개구리에 비해 작은 편

🌱 **황소개구리가 금개구리를 잡아먹는다고요?**
황소개구리는 몸길이 12~20센티미터(cm)에 달하는 대형 개구리로, 다 자란 황소개구리는 물고기, 개구리, 곤충뿐만 아니라 뱀과 같은 파충류도 잡아먹을 만큼 식욕이 왕성해요. 1970년대부터 농가의 소득을 올리려는 목적으로 수입되었지만 무단으로 방류되면서 그 수가 급격히 늘었어요.
하지만 현재는 너구리, 왜가리 등의 천적이 생겨 개체 수가 많이 줄어들었어요.

❸ 야외에서 금개구리 생태적 특성 분석

❹ 금개구리 방사

박사님의 설명이 끝나자마자 실시간 톡이 쏟아지기 시작했어요.
"친구들이 금개구리 복원 사업에 대해 궁금해하는데 설명해 주시겠어요?"
박사님은 화면을 보며 말씀하셨어요.
"먼저 예전에 금개구리가 어디에 얼마나 살았는지와 멸종 위기에 처한 이유를 분석해 체계적인 복원 계획을 세웠어요. 그리고 실험실에서 금개구리의 수를 늘리고, 생태적 특성을 분석한 다음 적합한 서식지를 찾아 방사했지요."

"그렇게 금개구리의 수를 늘려 적합한 서식지에 방사하면 끝이군요!"
톡톡이가 이제 다 알았다는 듯 말했어요.
"그게 끝이 아니에요. 금개구리가 잘 살고 있는지, 번식은 했는지, 동면에는 잘 들어갔는지 끊임없이 모니터링했어요.
그리고 서식지 관리를 위해 지역 주민에게 금개구리가 사는 습지를 유지해야 하는 이유를 알리고, 습지를 유지했을 때 지역 주민에게 이익이 돌아갈 수 있게 했어요."

"이익이요?"
"네, 습지를 생태 공원으로 만들어서 생태 관광을 할 수 있도록 했어요. 관광객이 많아지면 그 지역의 경제가 활성화될 테니까요."
팡팡이와 톡톡이가 고개를 끄덕이며 말했어요.
"한 생물을 복원하는 데 정말 많은 노력이 필요하네요."
"맞아요. 동식물이 멸종 위기에 처하기 전에 미리 보호하는 것이 가장 좋겠어요!"

마무리할 시간이 되자 톡톡이가 박사님에게 마지막 한 말씀을 부탁드렸어요.
"지구에는 지금도 멸종 위기에 처한 많은 생물이 있어요.
하지만 멸종되기 전에 생물을 복원하고
서식지를 관리하면 생물 멸종을 막을 수 있어요.
모두가 관심을 가져 다양한 생물로 가득한 풍요로운 지구를
우리 후손에게 물려줄 수 있었으면 좋겠습니다."
박사님의 말씀을 들은 톡톡이가 박수를 치며 말했어요.
"네, 저도 일회용품 사용을 줄이고 대중교통을 많이 이용해야겠어요!"
"그럼 오늘의 〈알려 줘요! 쇼〉를 마치도록 하겠습니다."

스튜디오의 불이 꺼지고,
무대를 내려오는 톡톡이에게 매니저가
음료 한 잔을 내밀었어요.
언제나처럼 일회용 컵에 빨대를 꽂아서요.
"엥? 이게 뭐예요? 일회용품은 안 된다고요!"
호들갑스러운 톡톡이의 목소리에 팡팡이는
웃음을 터트렸어요.

멸종 위기 생물 복원은 어떻게 하나요?

사람들의 무분별한 개발로 인한 자연 훼손이나 마구잡이로 동물들을 잡는 행동, 그리고 환경 오염 등으로 인해 지구상의 많은 생물이 멸종 위기에 처해 있어요. 사람들은 하나뿐인 지구의 자연 자원을 마치 지구가 여러 개 있는 것처럼 함부로 사용하고 있는 거예요. 그로 인해 지구상의 생물이 점점 사라져 가고 있고 생물 다양성이 감소하여 생태계의 건강이 위협받고 있는 줄도 모르고요. 다행히 지구에 이러한 변화를 가져온 원인을 분석하고 근본 원인을 찾아 해결하고자 하는 움직임들이 나타나기 시작했어요. 그중 하나가 바로 '멸종 위기 야생 생물 복원' 이에요.

'멸종 위기 야생 생물'이란 무엇일까요?

멸종 위기에 있거나 가까운 장래에 멸종될 위험이 있어 적극적인 보호가 필요하다고 생각되는 야생 생물을 멸종 위기 야생 생물이라고 해요. 환경부가 지정해서 관리하지요. 멸종 위기 야생 생물로 지정되면, 허가 받지 않고 동물을 사냥하거나 식물을 캐는 일, 그리고 이러한 동식물을 보관하거나 사고파는 일들이 엄격히 금지돼요. 그뿐만 아니라 멸종 위기 야생 생물 보호를 위해 서식지 보전 및 복원 사업을 진행하지요. 3년 주기로 멸종 위기종의 '전국 분포 조사'를 실시하는 등 꾸준히 관리해요.

허가 받지 않은 식물 캐기

허가 받지 않은 동물 사냥 및 사고팔기

멸종 위기 야생 생물은 어떻게 정하나요?

개체 수가 크게 줄어 멸종 위기에 처한 야생 생물은 멸종 위기 야생 생물 Ⅰ급, 개체 수가 크게 줄고 있어 현재의 위협 요인을 제거하거나 완화하지 않을 경우 가까운 장래에 멸종 위기에 처할 우려가 있는 야생 생물은 멸종 위기 야생 생물 Ⅱ급으로 지정해요. 현재 멸종 위기 야생 생물 Ⅰ급에는 늑대, 반달가슴곰, 사향노루, 산양 등을 포함한 60종이 지정되어 있고, 담비, 물개, 삵, 하늘다람쥐 등을 포함한 207종은 멸종 위기 야생 생물 Ⅱ급에 지정되어 있어요.

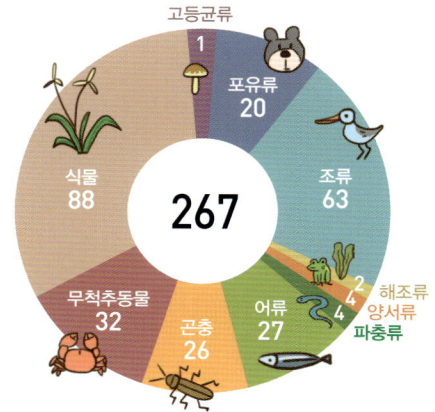

멸종 위기 야생 생물 지정 현황

야생 생물들이 복원되면 어떤 일이 일어날까요?

멸종 위기 야생 생물의 복원은 우리가 훼손된 자연을 되돌릴 수 있는 최선의 방법이에요. 육식 동물이 초식 동물을 사냥하여 초식 동물의 수가 줄어 들면, 초식 동물의 먹이가 되는 식물의 다양성이 유지되어 안정된 숲이 만들어지니까요. 또한 야생 동물이 자연을 돌아다니면서 나뭇잎과 열매를 따 먹고 여기저기에 배설을 하면, 배설물과 함께 나온 씨앗이 땅속으로 들어가 식물의 싹이 숲 곳곳에 퍼지게 돼요. 야생 동물 덕분에 움직이지 못하는 식물도 자손을 다른 곳에 퍼트릴 수 있게 되는 거지요. 이렇게 풍부한 서식지 환경이 만들어지면 다시 야생 동물의 수가 늘어나면서 자연 생태계가 건강해지는 거예요.

멸종 위기 생물 복원에는 서식지 관리도 중요해요

서식지를 관리하는 일은 방사된 야생 생물이 자연에서 성공적으로 살아남기 위해서 꼭 필요한 일 중 하나예요. 반달가슴곰 복원 사업을 할 때, 꿀을 얻기 위해 벌을 키우는 지역 주민과의 마찰과, 허가를 받지 않고 사냥을 하는 사람들로 인해 처음에 방사했던 반달가슴곰을 다시 데리고 왔던 일이 있었어요. 그리고 방사했던 다른 야생 동물들이 자동차에 치여 목숨을 잃는 로드킬을 당하거나, 올무에 걸려 생명을 잃는 일들도 있었어요. 야생 생물을 방사하기 이전과 방사한 이후에 야생 생물이 겪게 될 어려움을 미리 살펴 관리하는 것을 잊으면 안 돼요.

국립생태원 캐릭터들은 왜 멸종 위기 생물이 되었나요?

국립생태원에서는 멸종 위기 생물의 중요성을 알리기 위해 우리나라 멸종 위기 생물인 대륙사슴, 저어새, 하늘다람쥐, 금개구리를 캐릭터로 만들었어요. 대륙사슴은 고기나 모피, 뿔 등을 얻기 위해 불법으로 사냥하는 밀렵꾼들에 의해 멸종 위기에 처했고, 저어새는 갯벌 매립으로 인한 서식지 파괴와 저어새를 함부로 잡는 행동 등으로 멸종 위기에 처하게 되었어요. 하늘다람쥐는 무분별한 산림 개발로 서식지가 줄었는데 함부로 잡는 사람들도 늘어나 개체 수가 줄어들게 되었고, 금개구리는 농약 및 서식지 파괴, 외래종으로 인하여 멸종 위기에 처하게 되었어요.

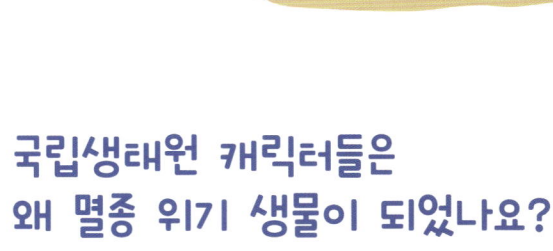

저니(저어새)
하다람(하늘다람쥐)
스미(대륙사슴)
금구리(금개구리)

멸종위기종복원센터에서는 어떤 일을 하나요?

멸종위기종복원센터는 그동안 다양한 지방 자치 단체와 여러 복원 기관 등에서 개별적으로 이루어지고 있던 복원 사업을 체계적으로 수행하기 위해 건립된 연구 센터로, 국내 최대 야생 생물 복원 기관이에요. 멸종위기종복원센터는 복원연구실, 복원전략실, 운영지원실이라고 하는 3개의 부서로 이루어져 있어요. 복원연구실은 복원 대상종을 선정하고 선정된 종을 사육 또는 재배하여 증식한 후 안정적으로 야생에 돌려보내는 일을 하고, 복원전략실은 성공적인 복원을 위한 정책을 만들거나 복원 사업을 평가하고 서식지를 관리하는 일을 해요. 운영지원실은 복원이 잘 이루어지는데 필요한 행정적인 일들을 지원하고, 복원 과정을 사람들에게 알리는 일을 해요.

멸종위기종복원센터

멸종 위기 생물을 복원하는 일을 하려면 어떻게 해야 할까요?

무엇보다 동물과 식물을 사랑하는 마음과 자연환경을 소중히 여기는 생태 감수성이 있어야 하고 왜 생물을 보전해야 하는지에 대해서도 깊게 이해를 하고 있어야 해요. 생물을 복원하는 일을 하기 위해서는 생물과 관련된 내용을 배울 수 있는 생태학, 생물학, 에코과학, 산림학, 수의학, 환경학 등을 공부하며 생물과 환경에 대한 여러 가지 사실을 배운 다음에 관련 대학원에서 멸종 위기 생물에 대한 이해의 폭을 넓히는 공부를 하는 것이 좋아요. 생태 감수성과 생물에 대한 깊이 있는 이해가 있다면 생물 복원 현장에서 폭넓은 활동을 할 수 있을 거예요.

생물 복원 일을 하는 연구원

동식물을 사랑하는 마음이 가장 중요해요.

국립생태원이 들려주는 에코스토리

- **01 전국 자연환경 조사**
  나는 독도의 마스코트
- **02 기후 변화 연구**
  빙글빙글 물방울의 여행
- **03 생명 공학 연구**
  황금쌀과 슈퍼 연어의 비밀
- **04 외래 생물 관리**
  하늘천의 무법자 블루길
- **05 생태계 연구**
  금개구리 왕눈이의 모험
- **06 생체 모방 연구**
  호기심쟁이 수현이와 발명가 삼촌
- **07 생물 다양성 협력**
  와글와글 세계 어린이 환경 뉴스
- **08 생태계 서비스 연구**
  자연이 주는 선물
- **09 멸종 위기종 관리**
  아슬아슬 사라지는 동물
- **10 지역 생태 협력**
  철새들의 천국 서천 유부도
- **11 식물 관리**
  무럭무럭 쑥쑥 식물 성장의 비밀
- **12 동물 관리**
  한밤중 동물 친구들에게 생긴 일
- **13 생태 교육**
  푸른이의 두근두근 생태 교실
- **14 생물 복원**
  다시 만날 동식물 친구들
- **15 에코뱅크**
  신나는 생태 지도 만들기